Anonymous

Der erste Mai

Anonymous

Der erste Mai

ISBN/EAN: 9783743413702

Hergestellt in Europa, USA, Kanada, Australien, Japan

Cover: Foto ©ninafisch / pixelio.de

Manufactured and distributed by brebook publishing software
(www.brebook.com)

Anonymous

Der erste Mai

Der

Erste May,

oder

Der bestrafte Aberglaube.

Ein Lustspiel

in einem Aufzuge.

1778.

Ille memor ritus veteris, timidusque Deorum
Surgit, habent gemini vincula nulla pedes.
Signaque dat digitis medio cum pollice junctis,
Occurrat tacito nc levis umbra sibi.
Cumque manus puras fontana perluit unda,
Vertitur, et nigras accipit ore fabas.
Aversusque jacit, sed dum jacit, hæc ego mitto,
His, inquit, redimo meque meosque fabis.

OVID.

An das Publikum.

Der Aberglaube strecket noch immer seinen bleyern Zepter über die Welt aus, und ganze Nationen küssen ihn. Warum dieses Ungeheuer nicht so leicht könne vertrieben werden, das liegt vielleicht in diesem Grunde, weil es zu vielköpfigt ist, und wie ein Proteus, in mancherley Gestalten sich zu vermummen und immer neue und veränderte Auftritte zu wagen, Kräfte genung hat. Keine betrügerischere Masque, in die sich der Aberglaube geworfen hat, ist wohl dauerhafter gewesen, als die blendende Vorstellung von Zauberern und Hexen, denn sie ist von den Zeiten des Zoroasters bis auf den jezigen Tag noch nicht von seinem Gesichte ganz abgerissen worden. Ja, so wie diese unglückliche Zaubergeschichte aus Persien in die blühendesten Staaten des Alterthums gedrungen ist, so schleichet sie noch immer auch in unsern Provinzen Deutschlandes umher! Warum solte man dahero nicht diesen Unsinn der comischen Muse zur Züchtigung übergeben? Dieses befürchte ich, daß die Gemählde, die nach herrschenden Vorstellungen in Thüringen entworfen worden, nicht allgemein verständlich seyn mögen. Ich erkläre dahero dieses Lustspiel für ein National Stück. Ubrigens sey es allen Verehrern der Hexen und vornehmen Gönnern der Zauberer gewidmet.

Der Verfasser.

Personen:

Frau Agathe, Witbe des verstorbenen Amtmanns.
Amalia, ihre Tochter.
Damon, der neue Amtmann, und Liebster der Amalia.
Araminte, eine Freundinn der Agathe.
Simon Dieterich.
Lisette, Kammermädchen der Amalia.
Merlin, Bedienter Damons.
Eine Gesellschaft von Zauberern und Zauberinnen.
Anna, eine Magd.

Der Schauplaz ist eine waldichte Gegend nahe an dem Guthe der Frau Agathe.

Erster Auftritt.

Agathe. Araminte.

Agathe, (welche der Araminte entgegen kommt.) Je, seyn sie mir tausendmahl willkommen, liebste Frau Araminte; ich bin ihnen entgegen gekommen — — —

Aram. Gehorsamste Dienerinn, liebste herzene Frau Gevatterinn — sie haben so befohlen, so ist es auch meine Schuldigkeit, ihnen aufzuwarten.

Agathe. Es ist mir ja herzlich lieb, daß sie so viele Güte mir erweisen, und in dieser Nacht auf diesem so einsamen Landguthe mir Gesellschaft leisten wollen, sie wissen wohl — — allein sezen sie sich erst, liebe Frau Gevatterinn — —

Aram. Wenn sich die Frau Gevatterinn gesezt haben — —

Agathe. Nicht doch — — machen sie keine Umstände, keine Complimente.

Aram. Es wird sich nicht schicken — —

Agathe. Ich thue es wahrhaftig nicht —

Aram. Ihnen gehöret die Ehre — (sie sezt sich.)

Agathe. Ich empfange sie diesesmal unter dieser Eiche, da wir einen so schönen Frühlingsabend geniessen.

Aram. Es ist wahr, wir haben noch keinen so heitern Tag in diesem Frühjahre gehabt, der

erste

erste May hat einen vortrefflichen Anfang —

Agathe. Das ist alles sehr gut, aber, aber der erste May — der ist mir immer fürchterlich, ach! die Hexen — die Hexen — die in dieser Nacht auf den Brocken wandern — —

Aram. Je, seyn sie doch unbesorgt, wie könen diese ihnen schaden, da sie so schöne Mittel wider sie in Händen haben — —

Agathe. Alles recht gut, wer kann sich aber vor Hexen genung verwahren — ach, in der vorigen Nacht, es schaudert mir noch die Haut, haben die Katzen ganz entsezlich geschrien — ach! wenn das nur keine Hexen sind.

Aram. Gesezt, es wären Hexen, so hat doch dieses alles nichts zu sagen, die Mittel sind ja kräftig genung, die Herr Simon Dieterich aus so vielen gelehrten Büchern gesammlet, und ihnen empfohlen hat. Sie haben doch nichts vergessen?

Agathe. Behüte der Himmel! vergessen, ja, vergessen — ich habe alles auf das sorgfältigste aufgeschrieben. Ob aber meine Mägde alles gehörig besorget haben, das weiß ich nicht — ich will doch sogleich nochmals darnach fragen — — (sie ruft mit lauter Stimme.) Anna, Gerterude, Liese, — — Man kann solchen Leuten eine Sache nicht genungsam sagen, sie sind gar zu vergeßlich, zumal jezt bey so groser Gefahr! Seit dem ich mein behextes Schwein so elend habe sterben sehen, bin ich gar nicht froh geworden, immer schwebt mir der Todt desselben vor Augen. Wie fürchterlich war er! ich habe mannichmal über die Qual des armen Thieres heisse Thränen vergossen! Könnte man nicht auch so behexet werden! Könnte man nicht auch so elend wie das arme Schwein sterben!

Aram. Ja wohl! ja wohl!

Zweiter Auftritt.

Die vorigen. Anna.

Anna. Hät sie mich dann gerufen, Frau Agathe?

Aram. Pfui, Anna, du wirst ja nicht die

Frau

Frau Gevatterinn Frau Agathe nennen, schäme dich! kannst du sie nicht gnädige Frau Amtmännin nennen!

Agathe. (sie räuspert sich und wirft sich in Ansehen.) Lassen sie es gut seyn — das tumme Thier verstehet es nicht — Es ist freylich mein Großvater ein edeler Herr von Peru gewesen, und ob ich gleich einen bürgerlichen geheyrathet habe, es war ein Versehen von meinen Eltern, sie hätten es besser verstehen sollen — so ist dennoch mein Geblüte deßwegen nicht ausgeartet.

Anna. Nu, was wullen san, gnadige Frau Amtmänschen?

Aram. So wars recht, so bist du klug, Anna!

Agathe. Höre, meine liebe Anna, hast du alles besorgt, was ich dir befohlen habe? hast du die Kräuter unter die Schwellen vergraben, die Allrunnen, die Springwurzel?

Anna. Jo, gnadige Frau Amtmänschen!

Agathe. Hast du dem Viehe die rothen Tuchlappen angehänget?

Anna. Jo, gnadige Frau Amtmänschen!

Aram. Sie haben doch nicht den schwarzen Kümmel vergessen? Er ist ein unvergleichliches Mittel wider alle Zauberey!

Agathe. Es ist noch Zeit, nach dem Untergange der Sonne muß ich dieses Mittel erst eingeben. Hast du jedem Schweine eine Borste aus dem Rücken gezogen?

Anna. Nei, do wulte sie jo salber dobie sye — sie müste nach etliche Worte dozu spräche.

Agathe. Du hast recht, gehe — ich will sogleich kommen und es besorgen. Noch eins — hast du an alle Thüren die drey Kreuzer geschrieben? an alle Thüren, an die Gänsethür, Kuh-Schaaf-Schweine-Hünerthür?

Anna. Jo, gnadige Frau Amtmänschen, an alle Theren, aberst an die nich, wu sie un Amalien schlieft.

Agathe. Warum nicht? Behüte der Himmel!

Aram. Nu, warum nicht?

Anna. Junfer Amalie fung entsezlich an zu lachen — —

Aga-

Agathe. Wie, sie lachte!

Aram. Ich bin ganz auser mir!

Agathe. Sie lachte! was sagte sie denn?

Anna. Wuzu sülle das abergläubische Züg genutze! Sie hätte luter su Lüte üm sich, in daren Geherne anne Haxenborte müsse gefahren sy — das Volk füllte ehren Kop met luter Aberglauben an —

Aram. Ich will doch nicht glauben, daß sie mich meinet!

Anna. Bole siehn sie dan fürigen Drachen, bole an Gespenst — bole an Kobeld — bole anne Haxe — —

Agathe. O das gottlose Kind — sie glaubt keinen Kobold — kein Gespenst — keinen feurigen Drachen — und, was das ärgste ist, keine Hexe — das ist himmelschreyend! Wer keine Hexe glaubt, glaubt keinen Teufel! Wer keinen Teufel glaubt, glaubt keinen Gott — ach, ich unglückliche Mutter! habe ich an meinen Brüsten eine Atheistin nähren müssen! ach, ich unglückliche Mutter!

Aram.

Aram. Es ist wahr, sie sind zu bedauren!

Agathe. Würde sie nur die gelehrte Schrift des Herrn Simon Dieterichs, des würdigen Sohnes unsers Herrn Pastors lesen, sie handelt von dem Daseyn der Hexen, und er hat sie in Oxfurth öffentlich vertheidiget, so würde sie nicht so unvernünftig reden —

Anna. Jo, von Herr Oxfurthen sprach sie au, he wäre an Pensel, he hätte au luter Erschienungen in sinen Köppe, es spücke in sin Geherne, he müsse sine Haxenhistorie in anner Spinnstobe studirt ha, denk, in dar Spinnstobe, au die het nich Frede.

Agathe. Wie, Herr Dieterich, der gelehrte Mann, ein Pinsel — der fünf ganzer Jahre die Universität besucht hat, ein Pinsel — der sich durch die so vortreffliche Schrift, von der Wahrheit der Hexen, einen unsterblichen Namen erworben hat, ein Pinsel — — das übersteigt alle Gedult — — Wie ruchlos sie auch so gar von ihrem Bräutigam raisoniret! aber — aber —

Anna. Un Lisette, die mein su ebel räth, das nasewise Ding, sprach — — ich kanns gar nich gesa — — es 's gar zu garstig — —

Agathe. So sag es doch nur — —

Anna. Wann dach nur anne Haxe — — nei, ich sa's nich — es 's gar zu garstig — —

Agathe. Rede — —

Anna. Allen in die Büche führe — —

Arami. Das gottlose Mensch!

Agathe. Nein, das überschreitet alle meine Gedult — ich will mich, sie und Herrn Dieterichen rächen — Sogleich, Anna, gehe hin und sage meiner unvernünftigen Tochter und ihrer bösen Creatur der Lisette, sie sollen sogleich vor mir erscheinen.

Anna. Sech, Lisette, worte du nasewises Ding! (sie geht ab.)

Dritter Auftritt.

Araminte. Agathe.

Agathe. Sehen sie, wie unglücklich ich bin, wie

wie sehr meine Tochter ausartet, und das in kurzer Zeit, kaum innerhalb einem Jahre, so lange der Herr Amtmann sich hier befindet.

Aram. Ach, ich habe es wohl gemerket — Der Umgang mit dem neuen Herrn Amtmann Damon hat mir niemals gefallen — — Unter uns gesprochen, er ist ein rechter Atheiste, ein Mann, der gar nichts glaubt — er glaubt weder ein Gespenst, noch eine Hexe —

Agathe. Lachte er mir nicht in die Zähne, als ich ihm den so wichtigen Vorfall von meinem behexten Schweine erzählte, das die alte triefäugige Verwalterinn, da ich mich mit ihr gezankt hatte und sie fort mußte, bezaubert hat — ich ärgere mich noch, wenn ich daran gedenke, wie spöttisch war er nicht! aber ich bin ihm auch so gram, daß ich ihn nicht sehen kann — Er soll durchaus meine Tochter nicht zur Frau haben, und wenn er noch so reich, noch so gelehrt, noch so schön wäre — Der böse Mann! denk, mich auszulachen — Aber, woher kömmts? Er hat auf einer Universität studiret, wo der Gottlose — jezt brennet er gewiß in der Hölle — wie hies er doch Thoms, oder Thomas — öffentlich den Studenten gelehrt hat, es gebe keine Hexen — Verkehrte Lehrer, verkehrte Schüler —

Aram. Es wird Thomasius seyn — mein seliger Mann nennte ihn oft, und konnte sich auch was ehrliches über ihn ärgeren — Er sagte in seinem Grimme — wenn doch dem Narren eine Hexe einen Waschlappen ins Bein gehexet hätte, so würde er nicht Dinge lehren und schreiben, davon das Gegentheil heller, als die Sonne ist.

Agathe. Solche verstockte Sünder sind die mehresten Gelehrten in den jezigen Tagen, sie glauben fast gar nichts, und unter diesen besonders der Herr Amtmann. Er wird sich sehr über den Brief wundern, den ich ihm geschrieben habe; ich habe ihm rund heraus gesagt, er solle sich nur gar nicht weiter um meine Tochter bemühen — und ihr habe ich in allem Ernst befohlen, allen Umgang mit ihm zu meiden — denn, ich bitte sie, ich würde für die zeitliche und ewige Wohlfarth meines Kindes nicht sorgen, wenn ich sie einem Manne übergeben wolte, dessen böse Grundsäze und Meinungen sie auch annehmen und glauben würde!

Aram. Ja, so sind sie eine gewissenhafte liebe Mutter, so sorgen sie rechtschaffen für ihr Kind — ein räudiges Schaaf steckt auch die andern an — wenn Jungfer Amalia nicht schon angesteckt wäre, so würde sie gewiß die Kreuzer an die Thür haben schreiben lassen.

Agathe. Da haben sie recht! Drum muß man den Schaden bey Zeiten heilen. Mit keinem Menschen soll sie umgehen, auser nur mit Herrn Simon Dieterichen! Das ist noch der einzige fromme und redliche Mann, den habe ich mir zum Schwiegersohne erkieset; meine Tochter soll so lange warten, bis er eine Versorgung erhalten wird, und das kann gar nicht lange dauren, denn er hat sich gar sehr durch seine schöne Schrift insinuiret.

Aram. Es ist auch immer mehr Segen

bey

bey einem geistlichen Stückgen Brodte! Daß ihr seliger Herr Liebster, mein auch im Tode noch hochgeschäzter Herr Gevatter, ein so christlicher lieber Herr war, das sind nicht alle Gerichts- und Amtsleute — der lies doch dem armen Bürger und Bauer noch Kräfte, aber jezo sind die mehresten schlimmer, als die Barbier —

Agathe. Das nicht allein, ich habe auch eine Verbindlichkeit, eine Gelübde zu erfüllen. Als die Frau Pfarrinn allzulange unfruchtbar war, so bath sie den Himmel um Segen, und gelobte ihm ihr Kind zum Dienst der Kirche, und sogleich empfing sie dieses liebe Geschenk, Herrn Simon Dieterich. Sie rieth mir, eben so zu handeln. Ich gelobte auch mein zukünftiges Kind dem Himmel zu seinen Dienst, und ich erhielt diese Tochter! Muß ich sie nun nicht zur Frau eines Geistlichen machen, und mein dem Himmel gegebenes Wort halten? Und wer ist wohl würdiger als Herr Dieterich? Scheinen er und meine Tochter bey so ähnlichen Umständen nicht für einander geschaffen zu seyn?

Aram. Sie haben Grund, hinreichenden Grund. - Ist denn aber auch Mamsell Amalia davon unterrichtet? Zeiget sie auch sympathetische Neigung?

Agathe. Ach ja, schon von der ersten Kindheit an — Wenn sie mit einander spielten, und ich sie fragte, nu, mein liebes Töchterchen, wer soll denn einmal dein zukünftiger Schaz seyn? so sprach sie, Simongen, und lachte — wenn sie sich ungezogen bezeigte, und ich drohete nur, du — Simongen soll dein Schaz nicht werden, sogleich wurde sie artig und zufrieden. Nur in seiner Abwesenheit, da er studierte, und sie den neuen Herrn Amtmann Damon hat kennen lernen, ist sie ganz verändert, jezt will sie nichts von Herrn Dieterich sehen, noch hören —

Aram. Das ist freylich ein übler Umstand — —

Agathe. O, das hat gar nichts zu sagen — —

gen — — dafür bin ich Mutter — und auserdem verlasse ich mich auf meine untrügliche Kenntzeichen — Dreymal habe ich meine Tochter in der Christnacht Bley ins Wasser giessen lassen, und alle dreymal — — man solte nicht glauben, daß es müglich wäre, kam eine Kanzel, eine ordentliche natürliche Kanzel zum Vorscheine. Solte sie nun wohl nicht eine Frau Pfarrschen werden?

Aram. Wenn sichs so befindet, so ist gar kein Zweifel!

Agathe. Noch mehr, noch mehr — Etlichemal lies ich sie am Christabende in die Blase horchen — und da, solten sie es sichs wohl vorstellen, da hörte sie aufs genaueste jemanden drinnen predigen —

Aram. O da gratulire ich ihnen aus dem Grunde meiner Seele! das ist schon so gut als gewiß. Was haben denn nun aber Herr Simon Dieterich und sein Hr. Vater für Gesinnungen?

Agathe. Wie können sie noch fragen! Diese haben ja wohl Ursache sich über ihr Glück zu erfreuen. Ein Vermögen von 30000 Thlr. das ich meiner Tochter hinterlasse, das muß ja wohl glücklich machen? Mein lieber Herr Pastor, mein lieber Seelensorger drückt mir die Hände, und mein lieber Simon küßt mir sie, wenn es möglich wäre, so trügen sie mich auf den Armen — Sie meinen es gar zu gut, gar zu rechtschaffen. Sie werden selbst Augenzeuginn jezo seyn, ich habe meinen lieben Schwiegersohn gebethen, in dieser Nacht mir wider die Hexen beyzustehen, und ausserdem wird er mir noch zu etwas wichtigern dienen —

Aram. Seine Gesellschaft wird mir sehr angenehm seyn. Darf ich aber fragen, was das wichtige ist —

Agathe. Je nu, da sie an allen meinen Anliegen Antheil nehmen — — In seiner gelehrten Schrift hat Herr Dieterich unter andern starken Gründen auch dieses Beweises sich bedienet: man könne ja die Hexen, welche am ersten May auf den Brocken wan-

derten,

derten, selbst mit Augen sehen, wenn man nur auf einen Kreuzweg sich begäbe. Nun kann ich nicht läugnen, daß ich grosse Lust habe, zu wissen, ob die alte Verwalterinn mit den rothen Augen, von der ich glaube, daß sie mein Schwein behexet hat, sich unter den Zauberinnen würklich befinde — ich wolte alsdann nicht eher ruhen, bis sie verbrannt wäre!

Aram. Das wollen sie wagen, und sich auf einen Kreuzweg stellen, um den Hexenzug zu sehen, das heiß ich den Teufel lebendig an die Wand mahlen —

Agathe. In Gegenwart eines Theologen — Wenn Herr Dieterich mit mir geht, und alle Zubereitungen macht, daß ich sicher bin, so trage ich kein Bedenken! Er wird die Hexen schon im Respect erhalten. Uberhaupt habe ich noch niemals gehört, daß ein Theologe ist behexet worden, die Zauberer müssen sich dahero vor ihnen ganz verzweifelt fürchten.

Aram. Ich werde mich nicht so leicht entschliessen, sie zu begleiten —

Agathe. Das ist wenig Herzhaftigkeit — Allein ich sehe meinen lieben Herrn Schwiegersohn bereits ankommen, wir wollen ein mehreres hiervon mit ihm reden —

Aram. Ich weiß nicht! ich weiß nicht!

Vierter Auftritt.

Agathe. Araminte. Simon Dieterich.

Sim. Diet. (die ganze Stellung und Gebärden müssen steif und gezwungen ausfallen. Schon in der entferntesten Scene macht er auf die Frau Agathe seine Verbeugung und fährt nach etlichen Schritten fort, bis er sich ihr ganz genähert hat.) Unterthäniger Diener, hochgebietende, gnädige Frau Amtmännin — —

Agathe. Kommen sie näher, kommen sie näher lieber Herr Simon Dieterich.

Sim. Diet. Unterthäniger Diener, hochgebietende, gnädige Frau Amtmännin, Frau Mamma, ich habe die grosse Ehre, dero mütterliche Hand zu küssen, pardonniren sie, daß ich — —

Agathe. Machen sie keine Complimente, sie sind mir stets ein lieber Gast, das wissen sie schon — —

Sim. Diet. Gehorsamster Knecht, Frau Araminte.

Aram. Ich sehe sie mit Vergnügen wiederum in unserer Gesellschaft.

Sim. Diet. Es ist viel Ehre für meine Niedrigkeit, daß mir die Thür zu so wackern, ehrbaren, angesehenen und gottesfürchtigen Matronen offen steht —

Aram. O wie allerliebst Herr Simon Dieterich schmeicheln kann — —

Agathe. O da sind sie Meister — — Ihre Verdienste sind es lieber Herr Simon Dieterich die ihnen jeden Zutritt verschaffen.

Aram. Und ihr gutes Herz — — werden sie ja nicht stolz in der Welt, bleiben sie in ihrer edelen Demuth, sie ist dem Himmel und den Menschen beliebt und schäzbar.

Sim. Diet. (macht tiefe Beugung.) Diese Pflicht befiehlet mir meine ganze Theologie und der Catechismus. Besonders fordert meine Verbindlichkeit gegen sie die tiefeste Erniedrigung.

Agathe. Ach sie sind mir ein lieber Mann

(sie klatscht ihm die Wangen.) à propo, wie befindet sich mein lieber Seelensorger, der Herr Papa?

Sim. Diet. Er bestellet tausend unterthänige Complimente an seine beste Frau Gevatterinn — in Absicht seiner Gesundheit sieht es nicht gut aus, er hat das Fieber.

Agathe. Das bedaure ich gar sehr — das Fieber hat er — — o das ist gar leicht gehoben, nur das Abracadabra, nur das Abracadabra, das ist ein ganz vortreffliches Mittel wider das Fieber — —

Sim. Diet. Wollen sie mich nicht umständlicher von diesem Mittel unterrichten, es ist doch sympathetisch, denn auserdem halt ich von anderen Mitteln nichts?

Agathe. Ich bin auch ihrer Meinung — Man schreibet dieses Wort Abracadabra auf einen Zeddul, hängt ihn dem Patienten an den Hals, in kurzer Zeit verläßt ihm das Fieber —

Sim. Diet. Der Klang dieses Worts giebt es schon, es muß eine vortreffliche Kraft in ihm liegen — Ich danke ihnen, ich danke im

Namen

Namen meines treuen Vaters, dessen einziger Wunsch nur ist, fast stündlich wiederholet er ihn: ach, wenn du lieber Simon, spricht er, Jungfer Amalien nur erst besitzest, dann will ich gerne sterben —

Agathe. Ach, der liebe Mann — Nu, das ist schon so gut, als gewiß!

Sim. Diet. Ich habe zwar diese Seligkeit auf Erden mir vom Himmel erbethen, auch darf ich mich ihrer Gnade erfreuen, aber der Herr Amtmann — der Herr Amtmann — —

Aram. Zweifeln sie nicht — — da sie der Frau Gevatterinn ihr Wort haben, so wird es nicht viele Schwierigkeiten machen, sie sind ja weise genung, wer die Tochter haben will, der hält es mit der Mutter.

Agathe. Frau Gevatterinn, seyn sie nicht schelmisch! — Mit dem Herrn Amtmann hat es gar nichts mehr zu sagen, ich habe ihm gestern einen Brief geschrieben, den wird er nicht ans Fenster stecken, ich habe ihm so gar das Haus verbothen, und das alles aus Liebe zu sie.

Sim. Diet. Ich küsse dero treumütterliche Hand, hochgebietende Frau Mamma — — dennoch aber bin ich immer besorgt — ein Traum, ach ein Traum hat mich erschreckt, und ob ich gleich alle meine Traumbücher nachgeschlagen habe, so weiß ich dennoch noch nicht, was ich anfangen soll —

Agathe. Erzählen sie uns diesen Traum, ich will doch nicht hoffen, da in dieser Nacht die Hexen ihre Zusammenkunft halten, daß sie ihnen schaden können.

Sim. Diet. Nein, wider diese bin ich gegürtet; ich werde hernach davon ausführlicher sprechen — — Mir träumete, und zwar gegen Morgen, um welche Zeit die Träume allezeit etwas bedeuten — — mir träumte, als gienge ich mit meiner zukünftigen Braut Amalia, auf dem Gange eines Thurms spaziren, auf einmal erschien ein mir unbekannter Mann, der stürzte mich herunter, so, daß ich, jedoch mit allem unterthänigem Respect gesprochen, in einem Pfuhl herab fiel!

Agathe. Behüte der Himmel!

Aram. Das ist ein nachdenklicher Traum!

Agathe. Ich kann mich nicht darein finden — — sie blieben doch nicht todt — sie brachen doch kein Bein?

Sim. Diet. Dieses träumte mir nicht — eine Person, mir dünkt, es war die Frau Amtmännin, reichte mir die Hand.

Agathe. Wenn ich ihnen die Hand gereichet habe, so ist es ein Zeichen meines Beystandes, und dann haben sie nach einigen Stürmen wiederum gutes Wetter, sie werden unter meinem Schuze Amalien zur Gattinn erhalten.

Sim. Diet. So habe auch ich diesen Traum ausgeleget, daß ich noch manchen Sturm aushalten müsse, und dann — post nubila phoebus, das ist, nach dem Regen scheinet die Sonne!

Aram. Das ist gewiß, sie werden noch manche Schwierigkeit überwinden müssen, Amalia ist dem Herrn Amtmann sehr geneigt — —

Agathe. Da sie mit dem Herrn Amtmann nicht mehr umgehen darf, und sie einzig zur Unterhaltung

terhaltung ihr zugelassen sind, so wird sich die Sache schon ändern. Allein eins liegt mir auf dem Herzen — — Alleweile soll meine Tochter Rechenschaft von ihren unnüzen Reden geben, die sie wider die Hexen geführet hat.

Sim Diet. Ach das ist des Herrn Amtmanns ihre Sprache — — er hat mich neulich in einer Gesellschaft herum ziehen wollen, aber ich triumphirte, die Hexe zu Endor war mein Schuzengel —

Aram. Das ist vortrefflich, da hat auch der Herr Amtmann gesehen, daß sie nicht einfältig sind.

Agathe. Beweisen sie nun auch ihre Stärke wider Amalien, sie ist durch den Umgang mit dem Herrn Amtmann ganz verführet — überzeugen sie sie, daß es Hexen giebt, und wie mächtig sie sind!

Sim. Diet. Das ist das leichteste — die Erfahrung ist ein principium indubitatum ein ungezweifelter Grundsaz — ja, wenn Mamsell Amalia die Hexen selbst mit Augen sehen will,

will, so kann es in dieser Nacht zwischen eilf und zwölf Uhr geschehen, ich habe mich zu allem zubereitet, ich habe das Cingulum Salomonis mitgebracht.

Agathe. Das ist prav, daß sie das Dingulo Salomoni mitgebracht haben —

Aram. Ach, was ist das für ein Wunderding?

Sim. Diet. Zu dienen, es ist ein Gürtel, durch dessen Macht man die Hexen und andere unsaubere Geister vor sich berufen, wenn man sich auf einen Kreuzweg begiebt, sie sehen und sich wider sie fest machen kann, daß sie nie schaden können.

Fünfter Auftritt.

Agathe. Araminte. Simon Dieterich. Amalia. Lisette.

Amal. Nun wundere ich mich nicht (spöttisch gegen Simon Dieterich.)

Liset. Da ist ja unser Hexenpatron, he, he, he.

Sim. Diet. (unter vielen Verbeugungen.) Ich küsse ihnen tausendmal die Hände, englische Amalia — —

Amal. (reißt ihre Hände weg.) Incommodiren sie sich nicht —

Agathe. Nu, Tochter, was ist das für ein Betragen?

Sim. Diet. (er schleichet sich zur andern Hand, und küsset sie in aller Eilfertigkeit.) Ein Beweiß von der starken Liebe ihres unterthänigen Dieners — —

Amal. Sie geben sich sehr viele unnöthige Mühe, ich will nichts von ihrer Liebe wissen — — Ihre Dienerinn Frau Araminte.

Aram. Gehorsamste Dienerinn.

Agathe. Dein Auftritt ist sehr frostig, sehr naseweise — hast du schon vergessen, was ich dir gesagt habe? nur den Amtmann aus dem Kopfe — —

Amal. Gewiß kein anderer wird hinein kommen —

Agathe. Das will ich sehen, davor bin ich Mutter — So lange der in deinem Gehirne sizt, so lange bist du auch närrisch, — — — — Da glaubst du auch kein Gespenst, keinen Kobold — keinen Drachen, und keine ne Hexen, gar nichts, gar nichts glaubest du.

Amal. Ich glaube was mir Gründe einer gesunden Vernunft sagen.

Agathe. Deine tumme Vernunft — — ist sie nicht verfinstert? Was meynen sie, Herr Simon Dieterich? ists nicht wahr?

Sim. Diet. Ach leider ist die Vernunft umnebelt, verfinstert.

Liset. Ja wohl, es mag wohl mehr als eine Mondsfinsterniß in mancher Leuten ihren Köpfen seyn.

Agathe. Schweig — — Da man nicht alles einsehen kann, warum willst du die verborgene Macht der Hexen läugnen? warum hast du also die drey Kreuzer nicht an die Thür schreiben lassen? He!

Amal. Es ist einem vernünftigen Menschen jeder Aberglaube unanständig.

Aram. Nennen sie das ja keinen Aberglauben, was man täglich sieht und hört, und wenn man würklich Erfahrung von der Kraft eines Mittels hat.

Amal. Ich habe diese Erfahrung noch nicht erhalten, ich habe weder die Würkung einer Hexe, noch eines Kobolds gesehen!

Agathe. Wie unvernünftig — — hast du nicht mein behextes Schwein gesehen? weist du nicht mehr, daß das Vieh im ganzen halben Jahre blaue, himmelblaue, wässerigte Milch gegeben hat?

Amal. Sind denn alle Krankheiten Hexereyen? läßt sich dieses nicht aus natürlichen Ursachen erklären?

Aram. Was? wollen sie den Kobold in unserer Nachbarschaft läugnen, der so viele Würste und Speck gestohlen hat?

Liser. Drum wünsche ich auch ein Kobold zu seyn!

Agathe. Der bist du — der bist du — Sprich, Tochter, du wilst alles zur Natur machen — erkläre mir, hat nicht jüngst der Barbier unserm Nachbar ein Nest Sperlinge aus dem Kopfe geschnitten? hat er nicht vor drey Jahren aus dem Beine eines Leinewebers eine Eydexe geschnitschnitten — sprich, wie sind die Sperlinge in den Kopf, und die Eydexe ins Bein gekommen?

Amal. Ich bin bey dieser Operation nicht zugegen gewesen.

Liset. Wer wolte wohl einem geschwäzigen Barbier trauen, aber solche Leute lieben sie nur, die ihnen solches Zeug vorschwazen. Was für einfältige Sachen hat er nicht aus dem Blute, da er ihre Ader geschlagen hatte, prophezeyet? Wie lange sie noch leben würden — Was für Gefahr in ihrem Leben sie bedrohe — —

Agathe. Halt das Maul, Lisette, bist du gefragt worden? daß doch die Kammermädchens so naseweise sind — — Der Barbier hat noch lange nicht so eine bösartige Zunge, als die deine, die alles angreift, auch so gar die Geheimnisse der Natur schändet.

Sim Diet. Das war ein vortrefflicher Gedanke! Wie viele Geheimnisse sind in der Natur! Wie viele Dinge können wir nicht begreifen, die wir doch vor Augen sehen! der Magnet — —

Amal. Das ist nicht zu läugnen, daß Kräfte und Würkungen in der Natur sich befinden, deren Beschaffenheit wir zu ergründen nicht im Stande sind. Wenn sie aber den Hexen Kräfte zuschreiben, die nicht in ihrer Natur liegen, sondern von einer höhern Macht abhangen, so ist es lächerlich!

Aram. Nu, Herr Simon Dieterich, wollen sie nicht die Ehre der Hexen retten — —

Sim. Diet. Wie, haben wir nicht so gar in der heiligen Geschichte Beyspiele genung? Die Hexe zu Endor.

Agathe (zur Lisette.) Ja, die Hexe, die du in meinen Bauch gewünschet hast, soll dir auch noch einige Maulschellen zu wege bringen — aber lassen sie sich jezt nicht stöhren. — Nu, was antwortest du?

Amal. Wir können zwar die Zulassung unsers Schöpfers, wie, und wenn er die Macht böser Geister einschränkt, nicht genau bestimmen, so viel aber ist doch gewiß, daß diese besondere Zulassung etlicher auserordentlicher Würkungen in den alten Zeiten noch keine Welt voll Zauberer und Hexen versichert. Wie abgeschmackt ist

es,

es, eine betagte Frau, weil sie rothe Augen hat, für eine Zauberinn zu erklären, die im Bunde mit bösen Geistern stehe — und wozu dienen die lächerlichen Zubereitungen wider die Hexen? Von wem haben denn diese ihre Kraft?

Sim. Diet. Von bösen Geistern.

Amal. Sind diese endliche, oder unendliche?

Sim. Diet. Allerdings endliche!

Amal. Sind sie endliche Geister, so stehen sie unter der Macht des unendlichen Wesens, und ohne dessen Macht können sie nichts würken.

Liset. Nicht einen Floh können sie hervor bringen, der uns so leicht zu knacken ist.

Amal. Solte nun das obere Wesen gewisse Menschen, um sie zu züchtigen, diesen bösen Geistern übergeben, so wird kein Kraut, kein Kümmel, kein Kreuz helfen — Der Himmel ist allmächtig, und was er will, das muß erfolgen. Wie schwach ist es dahero, sich so knechtisch für ein Gespenst, Kobold, fliegenden Drachen, oder für einer Hexe zu fürchten und verächtliche Mittel zu gebrauchen!

Agathe. Du wilst also keine Kreuzer an unserm Schlafzimmer anschreiben lassen?

Amal. Das würde die Religion und das Vertrauen gegen meinem Schöpfer entehren. Ich sehe wohl, daß, wo der Aberglaube einmal genistet hat, er nicht wieder auszurotten ist.

Agathe. Du suchst nur unter schönen Wörterchen, die du von deinem überklugen Herrn Amtmann erlernet hast, deinen Unglauben zu verbergen, im Grunde aber bist du eine atheistische Mähre! Wisse, du solst in dieser Nacht anderswo schlafen, deinetwegen will ich mich nicht in Gefahr sezen — Es würde mir leicht seyn, dich zu überzeugen, daß es Hexen giebt, da Herr Dieterich sein Dingulum Salomonio mitgebracht hat — Du könntest sie mit Augen sehen, aber du bist es nicht werth. Ich will gehen, und den Schweinen noch vor dem Untergange der Sonne die Borsten ausziehen — —

Liset. Nur mir nicht!

Aram. Soll ich sie begleiten?

Agathe. Von Herzen gern! kommen sie

auch

auch mit, Herr Simon Dieterich, meine Tochter ist ihrer Gesellschaft gar nicht würdig —

Amal. Wegen diesem Verluste kann ich mich trösten!

Sim. Diet. Ich muß aus Ergebenheit folgen, nehmen sie es nicht übel liebste Amalia —

(er macht tiefe Complimente.)

Liset. Ganz und gar nicht! (sie macht eine tiefe Verbeugung.)

Sechster Auftritt.

Lisette. Amalia.

Liset. Dem Himmel sey Dank, daß wir sie los sind — es ist doch nichts lächerlicher, als ein abergläubischer Hasenkopf — —

Amal. Was sprichst du? hast du es vergessen, daß es meine Mutter ist? Ich rathe dir nicht, von ihr verächtlich zu reden! Wir Menschen werden oft fehlerhaft Wir müssen mit den Schwachheiten anderer Mitleiden haben, aber nicht lachen, nicht spotten — Bessern müssen wir sie, wenn wir können!

Liset. Ists doch aber auch wahr, man entdecket so viel Thörichtes in ihren Handlungen, daß man spotten muß! Was muß das nicht wiederum für ein lächerliches Ding seyn das Dinguli Salomoni, durch das man schauen müsse, wenn man die Hexen sehen wolle? Eine Laterne Magica ist es doch nicht! ich gestehe es, ich möchte doch auch einmal durchsehen!

Amal. Du tadelst alleweile das Lächerliche des Aberglaubens, und sinkest doch in eben denselben, und wirst selbst lächerlich! Nichts wirst du sehen, und wenn du die Augen ausguckest! Dennoch möchte ich wissen, was es für eine Bewandniß mit dem Dingulum habe? Gewiß, es wird eben so ein Stückgen, als Herrn Simons gelehrte Schrift seyn!

Liset. Das vermuthe ich, denn was kann wohl gescheides von Herrn Dieterichen kommen! Ich werde allen meinen Wiz anwenden, um zu erfahren, was das für ein Ding sey, das Dingulum Salomoni?

Amal. Suche es zu erforschen.

Sieben-

Siebender Auftritt.

Merlin. Amalia. Lisette.

Merl. Ha, erwünscht! ich finde sie allein. Ein glücklicher Tag! Sonst muß ich wie ein Spion ums Landguth herum schleichen, wenn man einen Brief, oder ein herzbrechendes Compliment anbringen soll. Unterthäniger Diener.

Liset. Nu, Monsieur Merlin, guten Abend, was bringt er schönes?

Merl. Ich, mit Liebe bepackt, will gleich ausleeren.

Amal. Er hält sich allezeit sehr lange in der Vorrede auf.

Merl. Zu dienen — zum Befehl — der Herr Amtmann Damon hat mich voraus geschicket, mich seinen getreuen Abgesandten in der Liebe — mich seinen wohl abgerichteten Spürhund. Vors erste soll ich auskundschaften, ob dero Frau Mamma schon im Bette begraben sey? Vors andere wünscht er seine angebetete Schöne im Geheim zu sprechen; Vors dritte habe ich diesen

Brief an die Frau Amtmänninn zu überbringen. Mein Herr aber erwartet dort unter den Linden meine Nachrichten.

Amal. Gut, ich will ihm entgegen gehen; Wenn meine Frau Mutter nach mir fragt, so kannst du nur sagen, daß ich unter die Linden spazieren gegangen sey; Der Brief kann bestellet werden.

Achter Auftritt.

Merlin. Liesette.

Merl. Nu, wie steht es, mein liebes Lisettgen!

Liset. La, la — und du?

Merl. Auch la, la — Wirst du mich bald lieben? bald heyrathen?

Liset. Nur heute nicht, denn in dieser Nacht gehen die Hexen auf den Brocken, da ist es gefährlich —

Merl. Du wirst dich doch bey dieser Wanderung befinden, denn du bist eine ganz verzweifelte Hexe, ja, du bist aller Hexen, Hexen, Hexen Urgroßmamma, du hast mir die Liebe ins Herz, in das Gehirn, in den ganzen Leib gehexet —

Liset. Du giebst mir schöne Ehrentittuls, schöne Eigenschaften; So bald du mich in der Gesellschaft der Hexen erblicken wirst, so bald will ich dich heyrathen, bis dahin warte. Jezt gieb mir den Brief an die Frau Agathe, damit er, ehe Mamsell Amalia zurück kommt, bestellt wird.

Merl. Je, so wolte ich, daß ein Hexenmeister dich zu seinen Klepper wählte und mich eine Hexe ritte, so kämen wir doch in Gesellschaft auf den Brocken und dann müßtest du mich heyrathen.

Liset. Nu ich dachte, was mich bisse, mach mich nur nicht zum Klepper; das verbitte ich.

Merl. Närrchen, was wünscht die Liebe nicht; ich wünschte es ja nur, um dich heyrathen zu können.

Liset. So warte bis wir auf den Brocken uns antreffen, dann wollen wir Hochzeit machen — Vorjezo gieb mir den Brief, denn meine Mamsell wird gleich hier seyn.

Merl. Nu, sey nur nicht ungnädig Lisettgen, ich meine es ja so böse nicht. (er stellt sich, als weine er.)

Liset. Ich glaube gar, du weinest?

Merl. Je, wenn du mich auch nicht heyrathen willst, so muß man ja wohl weinen.

Liser. Nein, ehe ich keine Thränen sehe, eher heyrathe ich dich nicht — — mache, gieb mir den Brief — —

Merl. Damit du nicht noch einmal zornig wirst, so nimm ihn hin — — ich kann dich gar nicht grimmig sehen —

Liset. So wars recht — so ist es deine Schuldigkeit — adjeu, ich werde dich bald wieder sprechen —

Neunter Auftritt.

Merlin.

Das Jungfer Herz ist doch ein schnackigtes Ding, — bald will es, bald will es nicht. Schon gab es Jungfer Lisettgen etwas näher. Wenn ich nur tapfer zugeheulet hätte, sie sahe mich schon halb erbarmungsvoll von der Seite an, ich glaube gewiß, ich würde sie schon am Halse haben. Gewisse Frauenzimmer verlangen lauter Demüthigungen, fußfällige Unterthänigkeiten, ehe sie

uns

uns Mannspersonen belohnen. Man kann ihnen zwar diese kurze Lust gönnen; denn was sind etliche Monate gegen ein ganzes Leben? Anfangs heißt es: mein Schäzgen — mein Engel — meine Goldkrone — Wenn wir sie in unsere Bothmäßigkeit gebracht haben, das ist, wenn wir sie geheyrathet haben, dann heißt es Hannchen, Liesgen, Urselgen; so bald aber der Kalk und die Schminke nicht mehr halten will, dann heißt es Hanne, Ursel, Liese! (er sieht sich um.) Ha, da kommen unsere Verliebten in der Allee anmarschiret — mir dünkt, es wird auch einmal mit ihnen so werden — (er sieht sich wiederum um.) Es ist doch was allerliebstes, wenn man Verliebten in der Nähe, oder in der Ferne zusieht. Ich habe nur geglaubt, daß die Verliebten in der Abwesenheit närrisch sind, aber sie sind es auch, wenn man sie in der Nähe betrachtet. Himmel, wie verrückt die Liebe den Leuten die Köpfe! Wenn mein Herr seine Schöne nicht sieht, so brummet er entweder in seinem Hause wie ein Bär, oder beginnet sich wie ein Affe! Bald tritt er vor den

Spie-

Spiegel, liebäugelt, und macht verliebte Frazengesichter, schneidet tiefe Complimente, fällt auf seine Knie nieder, giebt seiner Göttinn in schönen rhetorischen Figuren einen Liebesantrag, schwöret ihr ewige Treue, küsset ihre Briefe, und ich glaube gar, daß er sie frißt, denn wenn er sie zu ganzen Stunden gelesen hat, so hat er keinen Appetit zu essen, und zu trinken; bald puzet er sich zur Ehre seiner Schöne; dann ruft er, gieb mir das Kleid, in dessen Knopfloch meine Göttinn ein Faveurgen gebunden — Hohle mir den Stock mit dem Affectionsbande — den Degen mit dem buntseidenen Bande als dem Feldzeichen meiner Liebe — Dann wird gekräuselt, daß jedes Härchen in seiner Ordnung liegt, und gepudert, ach gepudert, daß ganze Säcke Puder auf seinen Schuhen liegen — ach! wenn nur einmal die Herren, welche die Götter der Erde durch Pfennige reich machen wollen, diese Verschwendung sehen möchten, ich glaube, sie würden ihre Säcke unterhalten — — (er sieht sich um.) Was das für Capriolen sind — ein Kuß, wieder ein

Kuß —

Kuß — abermals ein Kuß — wie das geht, (er ahmet in Minen nach.) pe, pe, pe, pe, jezt drückt er die Hände — jezt küßt er sie — bald wird er die Füsse auch küssen — jezt — aber bst, bst, bst, sie sind schon da — Schade, ewig Schade, daß ich einer so schönen Materie abbrechen muß —

Zehender Auftritt.

Damon. Amalia. Merlin.

Merl. Kommen sie nur näher, der hunderthäugige Wächter ist nicht da, alles, alles ist sicher —

Dam. (im Hineintreten.) Sie sehen also, daß keine Mittel vorhanden sind, mich in die Gunst dieser abergläubischen Mutter zu sezen. Ich bin sehr begierig, was mein Brief ausrichten wird; ich habe unsere Liebe sehr vortheilhaft geschildert und die weitaussehenden Hoffnungen von dem Glücke des Herrn Dieterich etwas lächerlich gemacht, ich habe mich gedemüthiget, ich habe alles gethan, was ich nur habe thun können.

Amal Und demohnerachtet werden wir nichts gewinnen, demohnerachtet wird sie mich, da sie

die

die Kanzel einmal im Bleygiessen gesehen hat, zur Frau Pfarrinn machen wollen.

Dam. Es ist uns Gedult nöthig — Eine Liebe, so wie die unsrige, die auf Tugend und Neigung gegründet ist, ist nicht an Mitteln arm. Nur die Antwort auf meinen Brief wollen wir erwarten. Dieses ist der lezte Schritt zur Güte, und dann — Allein, was höre ich? was für ein Geschrey?

Amal. Ach, meine Mamma kommt! Darf ich sie bitten, sich in die Linden zu begeben, sie können alles anhören, was sie spricht. Eilen sie, eilen sie!

Dam. Halten sie sich noch etwas auf, bis ich sie nochmals gesprochen habe. (er geht ab.)

Eilfter Auftritt.

Agathe. Amalia. Merlin.

Agathe. Das wäre mir gelegen — wo ist er — der Bediente?

Merl. Hier ist er in optima forma, und erwartet dero gnädigen Befehl.

Agathe. Ey, was gnädig, was gnädig — kurz, saget eurem Herrn, aus der bewusten Sache werde nichts, durchaus nichts, er solle sich nur weiter keine Mühe geben. Er habe sich auch nicht um meinen Liebling Herrn Dieterich zu bekümmern, dieser sey ein rechtschaffener Mann, die Krone der Geistlichen im ganzen Lande, er sey kein Verläumder, der aus anderer Geringschäzung Vortheile ziehen wolle, kein Atheist, der Gespenster und Hexen läugne — geht, sagt es ihm —

Merl. Ist das auch wohl deutlich genug, wird es mein Herr auch wohl verstehen?

Amal. (welche weint.) Ach liebste Mamma!

Agathe. Schweig, rede mir kein Wort, oder du solst meine mütterliche Hand fühlen! (zu Merlin) Nu, was habt ihr noch hier zu gaffen? Geht und sagt eurem Herrn meine wahre Meinung, geht, geht —

Merl. Gar gerne — bey dem Fühlen der mütterlichen Hände bin ich nicht gerne gegenwärtig — es möchten auch mir Nägel ins Gesicht springen — Nein, ich bin ihr unter-

thäniger

thäniger Diener! Das ist ein ganz verteufeltes Brummeisen.

Zwölfter Auftritt.

Agathe. Amalia.

Agathe. Wisse, daß Morgen des Tages, es würde heute Abend noch geschehen, wenn ich nicht befürchten müsse, daß die Hexen Antheil daran nähmen, so lieb habe ich dich — morgen also soll zwischen dir und Herrn Dieterich eine feyerliche Verlobung vorgehen. Ich werde meinen Notarius berufen, und alles in bester Form Rechtens besorgen, und das Band zwischen dir und ihm fest, ja recht fest binden, und da sage mir kein Wort weiter — Weist du nicht, was in der lezten Christnacht für ein Zeichen erfolgte, als ich die Nußschaalen mit den angebrannten Wachslichtergen in einer Schüssel mit Wasser schwimmen ließ! Erhielten wir nicht das Zeichen, daß aus diesem Hause eine Braut gehen werde?

Amal. Erwägen sie doch — sie sind ja meine

meine Mutter, die ich stets aufs zärtlichste geliebet habe, wollen sie mich unglücklich machen, und einem Menschen übergeben, dessen Trockenheit, Einfalt und steife Erziehung mir Abscheu erregen muß, der nur durch den Hang zum Aberglauben sich ihnen beliebt gemacht hat?

Agathe. Wenn du noch einmal das Wort Aberglauben aussprichst, so ist es ganz um dich geschehen — — Du bist ein Mensch, das gar nichts glaubt, du hast dich durch den unglaubigen Amtmann verführen lassen, ich muß noch deine arme Seele retten, du must Herrn Dieterich heyrathen — —

Amal. Ich erstaune —

Agathe. Erstaune, oder laß es bleiben. Jezt habe ich nicht Zeit, dein Gewäsche anzuhören — Morgen, Morgen — In dieser Nacht schläfst du in der Hinterstube, dein Bett ist schon aus meiner Kammer weggebracht, da mögen dich die Hexen fricaßiren, oder lahm machen — Eine solche Betze kann ich nicht bey mir schlafen lassen, die nicht zulässt, daß die Kreuzer an die Thür geschrieben werden. Noch todt wirst du mich ärgern — ja, man hat seine Noth in der Welt — Die böse Welt — Bald ärgert mich mein Kind, bald die Magd, das tumme Thier! Denk, sie hat anstatt drey Kreuzer, nur zweene an die Schweinethür angeschrieben! Ich muß eilen und alles visitiren. (sie geht ab.)

Dreyzehender Auftritt.

Amalia.

Ach, Himmel, reinige doch meine Mutter von ihrem Aberglauben! Wie mißfällig muß dir ein solcher Unsinn, eine so knechtische Religion seyn! Was ist der Aberglaube anders, als eine irrige Vorstellung, Geschöpfe mehr zu fürchten, als selbst den Himmel. Wie, soll ich ein solches Opfer dieses verächtlichen Unsinnes werden?

Vierzehender Auftritt.

Amalia. Damon.

Dam. Seyn sie unbesorgt, vortreffliche Amalia, der Himmel, dem wir vertrauen, wird uns gewiß aus diesem Labyrinthe retten, er wird uns beystehen, und unsere Liebe krönen. Vielleicht sind wir zu Mittelspersonen bestimmt, die Thorheit des Aberglaubens zu beschämen, und ihre Mutter, die er ganz gefesselt hat, zu bessern.

Amal. Ach, wolte dieses der Himmel! allein, alles wird umsonst seyn, sie ist allzutief gesunken — —

Dam. Ich habe alle Worte unter jener Linde angehöret, und Merlin kann mir ihre Minen nicht fürchterlich genung machen: Morgen sollen sie also an die Seite eines Dieterichs gebunden werden! Nein, dieses werde ich nimmermehr zulassen, wir müssen auf Mittel denken.

Funfzehender Auftritt.

Lisette. Amalia. Damon.

Liset. He, he, he, ich habe die besondere Ehre, das Dinguli Salomonio zu kennen — he, he, he — Herr Dieterich hat ihn an seinem Bauche — he, he, he, angeschnallt — he, he, he — Ein Gurt, auf dem Sonne, Mond und Sterne, Planeten, Todtenköpfe, hebräische Buchstaben und alle magische Charaktere gemahlet sind, dieser Gurt ist das Panzer wider alle Hexen —

Amal. Was sagst du für thörichtes Zeug? woher weißt du das alles?

Liset. Ich schlich mich ins Cabinet, lauschte durchs Schlüsselloch, und hörte das ganze Gespräch an!

Dam. Nu, worinne bestund es?

Liset. Eben wuschen sich Frau Agathe, Araminte und Dieterich im Wasser, das am Ostermorgen vor der Sonnen Aufgang war aufgefangen worden, als ich durchguckte —

Dann

Dann knöpfte sich Herr Dieterich auf, und zeigte den Gürtel, in welchen er sich eingewickelt hatte, den abergläubischen Matronen. Er erzählte weitläuftig die geheimen Würkungen desselben; Kraft dessen müßten alle Hexen sichtbar werden, sie müßten vor ihn erzittern, und dürften sich nicht weiter nähern, als man es ihnen erlaube, niemanden aber könnten sie schaden. Ingleichen lernte er ihnen einige Versgen.

Dam. Der Aberglaube verdunkelt alle Vernunft — allein was war der endliche Erfolg?

Liset. Sie beschlossen auf diesen Kreuzweg sich zu begeben, um die Hexen und Zauberer vorbey ziehen zu sehen. Besonders war die Frau Agathe vergnügt, daß sie die alte Verwalterinn, die Erzhexe, erblicken solte.

Amal. Vortreffliche Wünsche! Wenn soll diese Neugierigkeit ihren Anfang nehmen?

Liset. Jezt alleweile, in einer viertel Stunde, denn zwischen eilf und zwölf Uhr sol-

 len

len die Hexen ihre Wanderung anfangen. Ich würde noch mehrere Geheimnisse vernommen haben, allein, da ich recht subtil durchs Schlüsselloch guckte, wurde meine Nase gar übel belohnet. Dieterich empfahl noch das stärkste Mittel wider alle Zauberey, sie mußten sich mit Hundehaaren räuchern. Himmel, wenn ich noch daran gedenke, so muß ich eine Prieße Schnupftabac nehmen, meine halbe Dose hab ich schon ausgeschnupfet — Das war ein Geruch! So neugierig ich auch immer war, so vertrieb mich dennoch dieser hundische Gestank — ich mußte davon laufen.

Amal. Das nenne ich wahren Unsinn!

Liset. Zwanzigmal nennte sie Herrn Dieterich ihren allerliebsten werthesten Schwiegersohn — so oft er ein Stückgen seiner abergläubischen Weisheit auspackte, so oft freute sie sich, sie strich ihm die Backen, und ich glaube gar, daß sie ihn küßte.

Dam. Welches wird das Ende unsers Anliegens seyn? Es ist umsonst, wir werden

auf

auf keine gute Art zu dem Ziele unserer Wünsche gelangen — Wir müssen Gewalt brauchen.

Amal. Gewalt! nennen sie mir dieses Wort ja nicht wieder — niemals werde ich zulassen, Gewalt wider eine Mutter zu gebrauchen, es leidet selbst unser guter Name — nein — keine Gewalt —

Liset. Aber doch ein Stückgen List!

Dam. Wilst du uns einen guten Rath geben? du wirst uns verpflichten.

Liset. Was solte ich um der Zufriedenheit meiner liebsten Mamsell nicht thun!

Amal. So laß deinen Anschlag hören!

Liset. Es sey gewagt, es kommt auf eine kurze Probe an, ob wir gute Hexen und Zauberer vorstellen können? Sie Mamsell Amalia, müssen in der Person der alten rothäugigen Verwalterinn, welche Frau Agathe so gerne als eine Hexe erblicken will, erscheinen. Sie aber Herr Damon können in der Verkleidung eines hochansehnlichen bürgermeisterlichen Hexenmeisters gar

 leicht

leicht die Einwilligung in die Heyrath unter Bedrohung, ihr ein krummes Bein zu hexen, abnöthigen. Dieser Anschlag kann um deßwillen leichter ausgeführet werden, da der Mamsell von der Frau Agathe ist angekündiget worden, in dieser Nacht auf der Hinterstube zu schlafen.

Dam. Diese List ist nicht ganz zu verwerfen.

Amal. Glauben sie, daß ich mich durch ein solches Spiel an meiner Mutter so sehr versündigen und durch einen so grossen Betrug in den Ehestand spielen solte?

Dam. Ihre Bedenklichkeit ist gewissenhaft und Zeuginn von ihrem guten Herzen. Allein, einen Unsinn zu bestrafen, und eine Mutter von ihrer Thorheit, welche die unseligsten Folgen hat, zu überzeugen, das dünkt mir, läßt sich allezeit rechtfertigen!

Liset. Diese Bedenklichkeit wäre mir eine Priese Schnupftabac! Gewiß, wenn ich einen schönen Mann durch so ein leichtes Mittel erhalten

ten könnte, so wolte ich wohl Doctor Fausten selbst vorstellen!

Dam. Sie, vortreff liche Mamsell, sind meine Seele, die mich belebt, und jeder Verdruß, der sie rühren solte, würde auch zugleich meine Glückseligkeit rauben, allein welche Aussicht kann unserer Hoffnung schmeicheln; Entweder unsere Liebe muß erlöschen, und die Herzen, die edele Denkungsart vereinigte, müssen getrennet bleiben, oder wir müssen einen Schritt wagen.

Amal. Ach in was für eine Verlegenheit sezen sie mich!

Liset. Bald wird sie wanken, die Liebe ist eine ganz verzweifelte Sache! wenn man A sagt, so muß man auch B sagen. Allein, Mamsell, es kommt ihre Mamma, mit ihren Hexenbanner, was sie thun wollen, das thun sie bald, sie werden alleweile sich auf den Kreuzweg begeben.

Dam. (zur Seite.) Es wird noch einigen Kampf kosten. Wir werden uns auf einige Zeit entfernen müssen, ich werde durch einen kleinen Umweg sogleich sehen, in was für eine Stube sie verbannet werden, um daselbst in dieser Nacht zu schlafen; dann werden wir Gelegenheit haben unsere Sache genauer zu überlegen. (er geht ab.)

Sechzehender Auftritt.

Amalia. Lisette. Agathe. Araminte. Simon Dieterich.

Agathe. Solte man sichs wohl vorstellen! denk, diese atheistischen Creaturen sind noch hier, und zwar unter freyem Himmel, jezt, da alles in der ganzen Luft von Hexen wimmelt! Wäret ihr nur am Sonntage gebohren, daß ihr alles sehen könntet, so würdet ihr gar bald den Weg nach euren Betten finden. Nein, so aufgebracht ich auch immer bin, so lässet doch die mütterliche Liebe nicht zu, euch in offenbarer Gefahr zu sehen. Fort, gehe nach deiner Hinterstube, du ungerathene Tochter! Wenn du unter dem Schuze des Cinguli Salomonio und Herrn Dieterichs stündest, so könntest du dich wohl hier aufhalten; aber

aber die Hexen werden dir wohl noch einen Kropf und Buckel hexen!

Amal. Ich verlange weder von Herrn Dieterich, noch vom Aberglauben einigen Schuz, sondern wünsche nur unter der Vorsehung des Himmels zu leben.

Agathe. Schweig, schweig —

Aram. Nehmen sie es doch der Mamsell nicht so übel auf! Ehe ich von dem Dinguli Salomonio unterrichtet war, wußte ich selbst nicht, was ich glauben solte, aber seine Würkungen und Kräfte — —

Sim. Diet. Sind ganz supernatürlich, arkanisch! durch seine hyperphysische Macht kann man Schäze graben, Geister bannen, Hexen sehen, herbey rufen, vertreiben, und sie im Gehorsam und Respect erhalten.

Liset. Fast überzeugen sie uns! Dürfen wir nicht dergleichen Wunderding kennen lernen?

Agathe. Zeigen sie es doch nur, lieber Simon Dieterich, damit sie in Verwunderung und Hochachtung gesezet werden.

Sim.

Sim. Diet. Weil sie es befehlen, (er knöpft seine Weste auf.) sehen sie diesen Todtenkopf — —

Amal. (lachend.) Sie sind mir allzufürchterlich! Sie möchten mich etwan auch bannen und beschwören! Ich muß mich ihnen empfehlen.

(sie geht ab.)

Sim. Diet. Eine unterthänige gute Nacht.

Liset. Einen unterthänigen Feldzug wider die Hexen!

Agathe. Ihr habt Zeit, daß ihr geht, ihr atheistischen — —

Siebenzehender Auftritt.

Agathe. Araminte. Simon Dieterich.

Agathe. Fast ist es mir nicht möglich, dieses gottlose Kind, das mir gar nicht ähnlich ist, mit Augen zu sehen. Himmel, wie sehr betrübt mich das, wenn ich die Glückseligkeit ihres Herrn Vaters ansehe, der einen so wohlerzogenen, gehorsamen und gelehrten Herrn Sohn hat, und wenn ich mich unglückliche Mutter hingegen be-

trachte,

trachte, die gar keine Hoffnung hat, ihr atheistisches Kind zu bessern!

Aram. Betrüben sie sich doch nicht so sehr, liebe herzene Frau Gevatterinn! durch die Länge der Zeit, wenn sie mehrere Erfahrung erhalten wird, wird sie wohl noch können gebessert werden.

Sim. Diet. Wenn der Himmel sie in Versuchung führen würde, wenn Leuchtemännerchen, Gespenster, geschleyerte Weiber, Mönche ohne Köpfe, feurige Drachen, Kobolte, Stäpchens und Hexen sie werden geschrecket haben, dann wird sie an uns denken, sie wird in sich gehen, und ich glaube immer, daß sie es mir dermaleinst in unserm Ehestande abbitten wird.

Agathe. Ach wie aufgebracht bin ich! Jezt könnte sie aufs gewisseste überführet werden, daß die Geschichte der Hexen kein Aberglaube sey, sie könnte sie mit Augen sehen! Aber sie ist verstockt, sie ist verblendet! Gewiß, ich bin so zornig — — ich glaube, wenn ich eine Hexe wäre, ich würde mich nicht enthalten können,

ihr —

ihr — ihr ein Auge aus dem Kopfe zu hexen —

Aram. Nicht doch, nicht doch, es ist ja ihr Kind, sie haben es ja unter ihrem Herzen getragen; übereilen sie sich doch nicht, sie kommen ja aus aller Fassung, und zwar jezt, da wir weit wichtigere Dinge im Kopfe haben, und da alle Gegenwart des Geistes uns nöthig ist.

Sim. Diet. Nein, ärgern sie sich nicht, es könnte ihrer Gesundheit schaden.

Agathe. Weil sie es mir verbieten, so will ich nicht weiter an sie denken. Nu, lieber Herr Sohn, wir haben doch nichts vergessen, daß wir ohne Gefahr die Wanderung der Hexen auf den Brocken ansehen können?

Aram. Der schwarze Kümmel ist eingenommen, mit dem Osterwasser haben wir uns gewaschen, und mit Hundehaaren sind wir geräuchert!

Agathe. In meinem Hause ist auch alles wohl bestellt!

Sim Diet. Ich glaube nicht, daß etwas vergessen worden. Scordien, Moly, Tausendgüldenkraut, Federweiß, diese schönen Mittel sind angewendet, und mit meinem Cingulo Salomonis bin ich gegürtet. Nun können wir uns auf diesen Kreuzweg stellen, allein niemand darf ein Wort reden.

Aram. Ach, liebe Frau Gevatterinn, es könnte ohngefehr jemand von uns erschrecken, und wir könnten ohngefehr ein Wörtgen heraus lallen, dann schwebten wir in grosser Gefahr! Ich dächte, wir unterliessen die Sache. Ob wir die Hexen sehen, oder nicht!

Agathe. Frau Gevatterinn, jezt machen sie mich böse — — Sie werden doch schweigen können! ganz gewiß haben sie keine Curage! Kennen sie Herrn Dieterichs Cingulum nicht, der ist ja Schuz genug — — wie könnte ich doch für einer Sache erschrecken, wenn sie mir nicht schadet.

Sim. Diet. Verlassen sie sich nur auf mich und auf das Cingulum Salomonis. So bald

die

die Hexen und Zauberer es sehen werden, so werden sie vor ihm erschrecken, und davon laufen. Eine rechte Lust wird es seyn! — Und überdieses stehen wir ja auf dem Kreuzwege. Nichts kann uns daselbst schaden. Seyn sie nur ohne alle Furcht, und kommen sie, es ist Zeit, es wird sogleich eilf Uhr schlagen, damit wir bey Zeiten den Kreuzweg betreten, ehe die Hexen uns so nahe auf den Hals kommen.

Aram. So sey es gewagt — — Allein ich muß ihren Arm umfassen.

Agathe. Wir wollen unsern Schuz-Gott in die Mitte nehmen, und uns fest an ihn halten.

Sim. Diet. Wohl — — aber nur in aller Stille! — —

(Sie stellen sich auf den Kreuzweg und lauren in aller Stille.)

Achtzehender Auftritt.

Die vorigen und ein Heer Zauberer und Hexen.

(Nachdem diese masquirten Zauberer und Hexen einzeln und zerstreuet hin und her über das Theater durch die Scenen munter und jauchzend zu verschiedenenmalen gegangen sind, und gegen die auf dem Kreuzwege befindlichen Personen sich drohend bewiesen haben, so fangen sie an zu singen, zu tanzen, und im Tanze diese Personen in einen Kreiß einzuschliessen. Die Frau Agathe, Araminte und Simon Dieterich zeigen sich bey der ersten Erblickung dieser Gesellschaft bestürzt, und sehen sich unter einander schüchtern an. Bey jeder Bedrohung dieser Zauberer zittern und zagen sie, Simon Dieterich aber zeiget immer mit seinem Finger auf den Todtenkopf, der auf seiner Brust angeheftet ist, um sie im Respect zu erhalten. Als die in die alte Verwalterinn verkleidete Amalia auftritt, so kann sich die Frau Agathe nicht enthalten, auszurufen: Ach die alte Verwalterinn — — die Verwalterinn.)

Arie,

welche von der Hexengesellschaft gesungen wird.

Jo, gegrüßt seyd ihr, ihr Geister jener Welt,
Die ihr im untern Reich und in den Lüften lebet,

Monarchen über Meer, Luft, Erde, Schäz
und Geld,
Die ihr uns Zauberkraft durch euer Bündniß gebet,
Wir feyern euer Fest — laut rufen wir:
Jo, Jo, Jo!

Dam. Verwegene, welche Kühnheit hat euch verleitet, euch hierher zu begeben, um unsere feyerlichen Feste und Gesellschaften zu schauen, und unsere Geheimnisse zu wissen! Elender Dieterich mit deinen ohnmächtigen Künsten, ich will dir bald zeigen, daß meine Zauberkraft, durch die ich die Stürme stille, Wetter errege, und alle Elemente nach meinem Willen lenke, deine elenden Künste vernichten könne.

Merl. Auch meine Zauberkraft soll er erfahren; sogleich werde ich ihn in ein Schwein verwandeln!

(Dieterich fällt bey diesen Reden auf die Knie, und demüthiget sich durch Minen.)

Dam. Sprich, welche Bosheit und tumme Verwegenheit hat dich lüstern gemacht, uns in unsern Festen zu stöhren? rede!

(Dieterich demüthiget sich blos durch Minen, will aber nicht reden.)

Merl. Halt, der Todtenkopf drückt ihm das Herz, ich will ihm Luft machen, daß er reden kann. (er reißt ihm den Todtenkopf von der Brust.)

Sim. Diet. Ach gnädiger Herr Hexenmeister, gnädiger Herr Hexenmeister! ach, ich bitte, ich bitte unterthänig, ich bitte um Gnade und Barmherzigkeit, ach, verwandeln sie mich nur nicht in ein Schwein!

Merl. Ein Jahr solst du leben als Schwein, ein Jahr als Meerkatze, ein Jahr als Hase, ein Jahr als Affe!

Liset. Ein Jahr als Zaunkönig!

Sim. Diet. Ach gnädige Herren, gnädige Frauen Hexen, ich erkenne meine Verwegenheit, daß ich zu viel Vertrauen auf meine Künste gesezt, und mich wider so mächtige

Monarchen empöret habe. Vergeben sie mir nur diesesmal! niemals will ich so einfältig wiederum seyn!

Dam. Würdest du für dich nur einfältig, obgleich verwegen geblieben seyn, würdest du nicht auch diese Personen verführet haben, daß sie stolz auf die elendesten Mittel worden sind, daß sie den Gott der Götter weniger achten, als deine verächtlichen Künste; würdest du unter der Decke deiner Macht, oder deines Aberglaubens Amalien zur Ehe nicht zu erhalten gesucht haben, so würdest du erfahren, daß auch wir wissen, gnädig zu seyn. Nun aber soll dir der Appetit bald vergehen, Amalien, die nach dem Verhängnisse dem neuen Amtmann zugehöret, zu deiner Frau zu erhalten.

Merl. Ihr Verwegenen, die ihr euch durch so einen Pinsel habt verführen lassen, euch will ich ein krummes Bein, und einen Molch in euren Bauch hexen.

Agathe. Ach in meinem Alter noch ein krummes Bein! Ach erbarmen sie sich wegen unserm

serm einfältigen Alter! Niemand als Herr Dieterich macht uns unglücklich.

Aram. Ja, ich wünsche niemals diesen Menschen gesehen zu haben, der uns so sehr verführet hat! Ich bitte, ich bitte, nur keinen Molch — —

Dam. Nur ein einziger Umstand wird euch von dieser Gefahr retten können. Ihr sehet ein, daß dieser einfältige Mensch, dessen Gehirn mit Aberglauben ganz angefüllet ist, wegen der Gefahr, in die er euch gesezet hat, aller Verachtung würdig ist. Wenn dieser hierdurch gestrafet wird, daß er Amalien nicht zur Gattinn erhält, die er nicht verdienet; wenn sie, Frau Agathe, bey dem Styx und allen unterirrdischen Göttern uns verspricht, Amalien Morgen des Tages dem neuen Amtsmann zur Frau zu übergeben, so sollet ihr Pardon erhalten. Auserdem soll kein Mittel unserer Zauberkunst übrig bleiben, um euch zu plagen und zu martern.

Agathe. Ja! ach, ja! ich verspreche es. Herr Dieterich hat mich in diese Gefahr gesezt, er mag auch dafür büssen.

Aram. Der neue Amtmann ist ihrer auch mehr würdig!

Dam. Nun so gehet ihr einfältigen Matronen in euer Schlafzimmer! trauet niemals den Kräutern, den Tuchlappen und schwarzen Kümmel! Betet die obere Macht des Himmels an, alsdann nur werden Geister euch niemals schaden können.

Amal. Die Kreuzergen helfen auch zu nichts!

Agathe. Nichts!

Liset. Nichts, gar nichts!

Dam. Entfernet euch! wird sie aber, Frau Agathe es wagen, ihr Wort nicht zu halten, oder dem neuen Amtmann die geringste Schwierigkeit zu machen, so soll sie unsere Zauberkraft aufs nachdrücklichste empfinden.

Merl. Dann soll eine Eydexe in ihre Waden fahren, Sperlinge sollen im Kopfe Jun-

ge

ge hecken, ein Schweinszahn soll aus ihrem Munde heraus wachsen, und kein Glied soll an seiner Stelle bleiben, weder schlafen, noch wachen soll sie.

Agathe Ich will gerne mein Wort halten, gern will ich Amalien dem Herrn Amtmann übergeben.

(Sie geht unter Zittern und Zagen und tiefen Verbeugungen nebst der Araminte ab.)

Sim. Diet. Seyn sie auch mir gnädig —

(er will auch weggehen.)

Merl. (er hält diesen zurück.) Halt! dich müssen wir beschwören, und deinen Kopf in einen Schweinskopf verwandeln —

(Simon Dieterich fällt in Ohnmacht.)

Amal. Lasse sie Frau Agathe, den elenden Simon Dieterich in ihr Hauß abholen, ehe er gar stirbt; es soll ohne alle Gefahr geschehen. Warne sie diesen Pinsel, daß er in Zukunft sich nicht weiter dem Aberglauben ergiebt, denn so wird der Aberglaube gezüchtiget.

(Agathe und Araminte gehen ab.)

Neunzehender Auftritt.

Simon Dieterich, und die vorige Gesellschaft der Zauberer.

Dam. Ja, so wird der Aberglaube, dieses vielköpfigte Ungeheuer gestraft! Wir haben jezt ein sehr gutes Werk gestiftet, denn wir werden durch diesen Betrug, den ich vor der Welt allezeit rechtfertigen werde, nicht allein diese Personen von ihrer Krankheit heilen, sondern ich bin auch zu meinem Endzweck gelanget. Morgen, o liebste Amalia, werde ich sie besizen!

Amal. Dieses Glück ist mir werth und schäzbar, aber die Art und Weise, nach welcher ich es erhalte, wird mir noch einige Gewissensbisse kosten!

Liset. Ach mit ihren Bissen — — beiß hin, beiß her — — es hat mich schon manches gebissen — — Kleinigkeiten! wenn

nur

nur Herr Dieterich nicht etwa gar todt bleibe, ich will doch sehen, ob er erwachen will?

(Sie eilet nach ihm zu, und schüttelt ihn.)

Amal. Laß ihn nur liegen, denn wenn er uns noch einmal erblickt, so fällt er gewiß auch zum andernmal in die Ohnmacht.

Merl. Er würde alsdenn glauben, wir probierten ihm den Schweinskopf auf!

Zwanzigster Auftritt.

Anna, und die vorigen.

Anna, (innerhalb des Theaters zu der Agathe.) Ach — die Haxen thun mein was, ich kann ehn unmöglich gehulle — —

Agathe, (innerhalb des Theaters.) Ich versichere dir hoch und theuer, es thut dir niemand etwas zu Leide.

Amal. Wir müssen uns hinter die Bäume verstecken, denn auserdem wird sie es nicht wagen, ihn abzuholen.

(Die Zauberer treten hinter die Wände.)

Anna. (sie siehet schüchtern und wild hinter den Scenen hervor.) Nei, ich kann ehn nich gehulle — — (nachdem sie wiederum zurück getreten, so wagt sie es noch einmal heraus zu sehen.) Ich siee dach keine Haxe — — aberst ich ben au' kein Suntagskind — — (sie erblickt Herrn Dieterich.) Ach — — do leth dar orme Dieterich in Ohnmacht — — Ach — — Ach (sie thut etliche Schritte näher nach ihm zu und siehet sich immer schüchtern um.) Nei, he durt mich gar su siehre — — (sie springt schnell auf ihn zu, hebt ihn auf ihre Schultern und trägt ihn fort.) Ach — ach — — wann das dar Herr Pfarre wüßte — — Ach — ach — ach —

Ein und zwanzigster Auftritt.

Die vorigen Zauberer und Hexen, welche wiederum hervor treten.

Dam. Wie lächerlich macht sich doch der Aberglaube! Allein Morgen wollen wir weiter davon reden.

Amal. Es ist ja wohl Zeit, daß die Hexen vom Brocken abmarschiren, ehe es Tag wird.

Merl. Verziehen sie doch noch einen kleinen Augenblick! Für meine treuen Dienste verlange ich einige Belohnungen.

Dam. Und was?

Merl. Da, Lisettgen zur Frau. Sie hat mich behexet; sie hat mir die Liebe in meine ganze Menschheit gehexet.

Liset. Ich dachte, was mich bisse.

Merl. Nur nicht viel Schwierigkeit gemacht — — die Mädchens zieren sich doch gar zu gern, und dann verliehren sie über ihre Weigerung und Pimperlimpimb oft ihre Liebsten — und mir dünkt, es kommt nicht alle Tage einer wieder. Uberdieses hast du

mir

mir ja versprochen, wenn ich dich in der Hexengesellschaft erblicken würde, so wollest du meine Frau werden. Kurz und gut, du mußt Wort halten, du bist meine Frau!

Liset. Du kannst warten.

Dam. Nu Lisette, du solst Brodt bey mir finden; warum wilst du als Jungfer sterben?

Liset. Weil sie gnädig für mich sorgen wollen, und meine Bedingung, ihn zu heyrathen, indem wir mit einander in eine Hexengesellschaft gerathen sind, durch ein Ohngefehr ist erfüllet worden, so mag es darum seyn.

Merl. Ach nun ist Merlin der glücklichste Mann! Brodt, und so ein allerliebstes Lisettgen — — Ich kann für Freuden mich der Thränen nicht enthalten — —

(er weint und schluchset.)

Dam. Wir wollen uns nicht länger hier verweilen, dennoch aber nach Art der Zauberer unter einem freudigen Gesange unsere Rückreise von dem Brocken antreten.

Alle.

Die stärkste Zauberey ist doch die Macht
der Liebe,
Sie fesselt unser Herz und zwinget unsre
Triebe.

Amalia.

Die Welt besieget sie, beherrschet die Natur,
Was nur im Meere lebt, in Lüften, Erd
und Fluhr!

Damon.

Des Tigers wilde Wuth verwandelt sie
in Güte,
Sanft wird durch ihre Kraft, o Löwe, dein
Gemüthe.

Lisette.

Lisette.

Nichts ist, das ihrer Macht nur widerstehen kann,
Das hab auch ich gefühlt, sie gab mir einen Mann.

Ende.